LE
GOUVERNEMENT PROVISOIRE

Notices biographiques

DE SES MEMBRES.

ORNÉES DE ONZE PORTRAITS.

PAR

J. BAISSAS.

PARIS

CHEZ L'ÉDITEUR, RUE VIVIENNE, 4.

ET CHEZ GARNIER FRÈRES, PALAIS-NATIONAL, 215 bis.

1848

Paris. — Imprimerie Bonaventure et Ducessois, 55, quai des Augustins.

INTRODUCTION

Un gouvernement parjure pesait sur la France. Né d'une légitime insurrection, provoquée par les actes d'un pouvoir violateur des lois, au lieu de suivre l'impulsion de Juillet, il s'était constamment appliqué à en dénaturer les tendances et le symbole.

Le trône de Louis-Philippe, brûlé au pied de la colonne des héros de 1830, est l'expiation la plus solennelle de dix-sept ans de trahisons et de honte. Le sang des combattants de Juillet est vengé ! La république, inaugurée sur la place de la Bastille, fera le tour du monde.

Déjà les rois absolus de la vieille Europe sentent le sceptre trembler dans leurs mains ;

la liberté naissante fait déjà entendre ses premiers cris en Autriche, en Prusse, en Lombardie, en Pologne, en Italie. En vain fera-t-on des efforts pour l'étouffer ; sa mâle vigueur terrassera les lutteurs imprudents.

Le Manifeste de Lamartine, plein de ce patriotique orgueil que la dignité d'homme libre inspire, a été lu par tous les peuples avec un saint frémissement. L'ère de la République française a ouvert la carrière de la liberté où toutes les nations voudront se précipiter. Bientôt, et sans effusion de sang, les barrières nationales de peuple à peuple disparaîtront, et l'Europe sera unie par le lien de la fraternité et des intérêts commerciaux.

Honneur aux hommes intrépides qui se sont mis à notre tête pour diriger notre révolution pacifique ! Ils sont tous dignes de la reconnaissance éternelle de la France et des peuples !...

DUPONT DE L'EURE.

DUPONT DE L'EURE.

Ce grand citoyen, l'une des gloires les plus pures de la France, naquit à Neubourg, le 27 février 1767. Peu d'hommes ont parcouru aussi dignement une vaste carrière. Jacques-Charles Dupont était avocat au parlement de Normandie, en 1789. Pendant la révolution, dont il embrassa les principes avec ardeur, il fut investi de plusieurs fonctions publiques : en 1792, il était maire de sa commune natale ; plus tard, il était administrateur du district de Louviers, puis juge du tribunal de cette ville ; substitut du commissaire du directoire exécutif près le tribunal civil de l'Eure, en l'an V, il ne tarda pas à devenir accusateur public près le tribunal criminel de ce département, fonctions épineuses qu'il sut exercer avec la plus grande prudence et la plus courageuse générosité. En 1800, nommé membre du conseil des Cinq Cents, il fut la même année créé conseiller à la Cour d'appel de Rouen, et promu ensuite à la présidence du tribunal criminel d'Evreux.

Lorsqu'on remania l'ordre judiciaire, en 1811, Dupont de l'Eure revint à Rouen, occuper la place de conseiller de la Cour impériale, où il fut, bientôt après, nommé président de chambre. Les électeurs du département de l'Eure l'ayant présenté comme candidat au Corps législatif, il fut choisi par le Sénat, et y siégea jusqu'en 1814, avec Benjamin-Constant, Alexandre Lameth, Labbey-Pompières; Dupont de l'Eure éleva toujours sa voix, dans cette assemblée, en faveur des libertés publiques.

En juin 1814, Dupont de l'Eure fut nommé premier vice-président du Corps législatif, lorsqu'il fut convoqué après le retour des Bourbons.

Quand Napoléon revint de l'île d'Elbe,

Dupont fut élu représentant du département de l'Eure. A cette époque, l'Empereur était impatient de toute résistance de la part du Corps législatif; mais des citoyens courageux, au nombre desquels était Dupont de l'Eure, se prononcèrent avec vigueur contre les envahissements du despotisme. L'assemblée des représentants éleva au fauteuil de la présidence le célèbre Lanjuinais, dont la fermeté déplaisait à Napoléon, et qui avait contribué à la rédaction de l'acte de sa déchéance. C'est dans ce même esprit de résistance qu'elle porta à la vice-présidence Lafayette, Dupont de l'Eure, le général Grenier, Flaugergues.

Le 8 juillet 1815, des hommes armés, à la tête desquels était, dit-on, M. Decazes, allèrent pendant la nuit fermer les salles de délibération des Chambres législatives. Dupont de l'Eure alla reprendre ses fonctions de président de chambre à la Cour royale de Rouen.

La Restauration, sans égard pour les longs services de ce magistrat, le destitua brutalement sans pourvoir à sa pension de retraite. M. Pasquier était alors garde-des-sceaux ; on sait que cet homme a traversé tous les régimes en s'avilissant sous chacun d'eux.

Depuis 1815, sauf une seule fois, Dupont de l'Eure fit partie de toutes les législatures. Il se signala dans toutes les occasions où il fallut montrer du patriotisme. En 1819, il défendait la loi du 5 février, sur les élections, dont 460 pétitions demandaient le maintien. Il fut, en 1823, l'un des signataires de la protestation contre l'acte violent et illégal dont Manuel avait été victime au sein de la représentation nationale.

Dupont de l'Eure fut proclamé par le peuple, en 1830, ministre de la justice. Tout le monde sait que le nouveau ministre alla s'installer à l'hôtel de la place Vendôme, suivi d'un commissionnaire qui portait sa malle, et qu'il refusa les 25,000 francs de frais d'installation alloués à ses devanciers. S'apercevant bientôt que son caractère loyal et sincère ne pouvait pas s'accommoder avec les ruses de la royauté de Juillet, il donna sa démission avec Lafayette, le 25 décembre de la même année, et ne cessa de faire une vigoureuse opposition au pouvoir qu'il avait vu entrer dans la voie rétrograde et dont il n'avait pas voulu être le complice.

Le 29 août 1831, Dupont de l'Eure fut élevé aux honneurs de la vice-présidence. Cet honorable citoyen n'a pas cessé de siéger assidument à la Chambre des députés, à moins que quelque maladie ne le forçât à ne point prendre part aux travaux législatifs. C'était avec une profonde vénération que l'auteur de cette Notice voyait ce noble vieillard, courbé sous le poids des années, changer de visage et contenir à peine un geste indigné, toutes les fois que le ministère Guizot nous imposait une nouvelle honte.

Le jour du danger, le 24 février, Dupont de l'Eure était à sa place ; on eût dit que la main de la Providence l'avait amené dans la Chambre pour présider à la proclamation de la République. Quelques instants auparavant, le vieillard, confondu dans la foule des députés, ne comptait pas à leurs yeux ; tandis que M. Dupin voulait faire prévaloir la régence, le peuple armé envahit la salle ; les députés prennent la fuite, et Dupont de l'Eure, plus grand qu'eux tous, monte gravement au fauteuil et trace sur une feuille de papier le nom des membres du Gouvernement provisoire, à mesure que le peuple les proclamait.

ARAGO.

ARAGO.

Ce savant, que le monde civilisé nous envie, naquit à Estagel (Pyrénées-Orientales), le 26 février 1786. La vivacité toute méridionale de son caractère lui avait rendu d'abord toute application à l'étude impossible, et, à l'âge de quatorze ans, il ne savait pas encore lire ; mais l'amour de la science ne tarda pas à enflammer cet esprit d'élite. Sa famille était pauvre et s'imposait les plus rudes sacrifices pour subvenir à l'instruction du jeune Arago. Le dévouement de sa famille porta ses fruits, et dès l'âge de vingt ans, Arago prenait sa place parmi les savants de l'Europe. Admis en 1804 à l'École polytechnique, il fut nommé l'année suivante secrétaire du Bureau des Longitudes. Il fut associé à M. Biot et à deux commissaires espagnols, MM. Chaix et Rodrigues, póur une opération scientifique de la plus haute importance. Il s'agissait de mesurer plus exactement l'arc du méridien terrestre compris entre Barcelone et Dunkerque.

Nous ne suivrons pas M. Arago dans ses diverses expéditions scientifiques en Espagne, où il courut les plus grands dangers par suite de la guerre qui sévissait alors dans ce pays. Après bien des vicissitudes, M. Arago put débarquer à Marseille, dans l'été de 1809. Il se rendit à Paris, où il publia le résultat de ses observations dans une notice insérée au *Mercure*. Les découvertes qu'il exposait attirèrent pour toujours l'attention de l'Europe sur le savant français, et lui frayèrent le chemin de l'Institut, où il entra à la mort du célèbre Lalande. Sous l'Empire, il fut nommé professeur à l'École polytechnique; il y enseignait l'analyse, la géodésie et l'arithmétique sociale.

Après la Révolution de 1830, il devint directeur de l'Observatoire et du Bureau des Longitudes: M. Arago est aussi secrétaire perpétuel de l'Académie des Sciences.

Les titres de M. Arago, comme savant, sont assez connus. La physique lui doit, entre autres travaux, la théorie des fluides impondérables, dont l'idée originaire remonte à Roger Bacon, moine anglais. Il a fondé avec M. Gay-Lussac le recueil des *Annales de physique et de chimie*. Il publie tous les ans l'*Annuaire des Longitudes*, rédigé sous ses yeux, et dans lequel on remarque de si intéressants travaux sur les questions de physique et d'astronomie. M. Arago a pris part à la publication de quelques manuels élémentaires destinés à l'instruction des classes ouvrières. Aussi n'avons-nous pas été surpris de lire dans tous les journaux qu'un ouvrier, voyant passer M. Arago, se rendant avec les autres membres du Gouvernement provisoire à la colonne de Juillet, le jour de l'inauguration de la République, avait dit : « Nous n'a- « vons plus rien à craindre, puisque nous avons « au Gouvernement un homme qui fait la pluie « et le beau temps. »

On doit aux efforts de M. Arago l'établissement du télégraphe électrique en France.

En 1851, le collége électoral de Perpignan l'envoya à la Chambre. Il alla s'asseoir auprès de Laffitte, Dupont de l'Eure, Lafayette, et combattit avec les partisans de nos libertés les mesures réactionnaires du gouvernement déchu. Dans les questions spéciales, M. Arago occupait la tribune en maître ; toute la Chambre, suspendue à ses lèvres, écoutait avidement la parole lumineuse, féconde et pittoresque de cette puissante intelligence à laquelle la nature imprima un cachet de diction si original. La Chambre lui livrait toute son attention, comme cette foule avide qui allait suivre ses cours d'astronomie à l'Observatoire, tout au bout de Paris.

Quand M. Arago parle, sa figure mobile prend une expression saisissante ; ses sourcils tremblent, comme agités par l'immense travail que les idées opèrent sous son front.

Arago a prononcé de nombreux discours qui ont marqué ; personne n'a oublié surtout ses discours sur les fortifications de Paris, et la précision mathématique avec laquelle il prouvait à M. Allard que les forts détachés pouvaient incendier Paris.

Cet honorable citoyen aime beaucoup à citer le nom des enfants du peuple qui se sont distingués dans les sciences ou les lettres ; ces noms reviennent à chaque instant dans ses conversations, dans ses écrits, dans ses discours. Arago n'a pas pu oublier tous les efforts que son défaut de fortune lui avait imposés.

Le peuple de Février 1848 s'est souvenu du nom populaire et brillant d'Arago, et s'en est emparé pour l'investir d'une partie de sa puissance.

Arago a été depuis appelé au ministère de la marine.

Le 28 février, le jour de la proclamation solennelle de la République à la place de la Bastille, Arago a pris la parole : « Le Gouverne- « ment provisoire, s'est-il écrié, a cru de son « devoir de proclamer la République devant « l'héroïque population de Paris, dont l'accla- « mation spontanée avait déjà consacré cette « forme de gouvernement. La sanction de la « France entière y manque sans doute encore;

« mais elle ratifiera le vœu du peuple parisien,
« qui a donné un nouvel et magnifique exem-
« ple de son courage, de sa puissance, de sa
« modération..... Citoyens! a ajouté l'orateur
« avec enthousiasme, répétez avec moi ce cri
« populaire : Vive la République. »

Aussitôt les membres du Gouvernement provisoire se découvrent; un long cri de *Vive la
République* sort de toutes les bouches. Ce cri
a trouvé un immense écho dans toute la France,
et les dynasties de l'Europe en ont été ébran-
lées jusque dans leurs fondements.

LAMARTINE.

LAMARTINE.

Alphonse Lamartine est né à Mâcon vers le commencement de 1791. Sa famille, attachée par des emplois à l'ancienne monarchie, eut à souffrir des orages de la Révolution. M. Lamartine a raconté que ses plus vieux souvenirs lui dépeignent une sombre et triste maison d'arrêt, où son père était incarcéré et où on le menait quelquefois.

La première jeunesse du poëte s'écoula dans la sollitude de *Milly* avec son vieux père, sa mère et ses sœurs. Les vers de Lamartine nous ont retracé ces joies pures de la famille qu'il goûta dans le calme de l'enfance. Sa mère avait donné des soins attentifs à son éducation;

mais on l'envoya pour la finir au collége des Pères de la Foi à Belley.

En 1809, Lamartine, après avoir vécu quelque temps à Lyon, fit un voyage en Italie. La terre de la poésie et des beaux-arts dut souffler plus d'une inspiration à Lamartine. Aussi, de retour de son voyage, il alla versifier à Paris, au milieu du tumulte et des entraînements ; tantôt écoutant la voix de la gloire qui semblait l'appeler sourdement ; tantôt s'abandonnant aux plaisirs de son âge.

Le poëte revit l'Italie en 1818. Il y composa ses *Méditations*, *Un premier Amour*, quelques *Harmonies*.

En 1814 on eût pu voir M. de Lamartine montant la garde le mousquet au bras et regardant le ciel et la verdure d'un œil rêveur, peu conforme à l'état militaire : il s'était fait garde-du-corps. Mais l'âme du poëte agitée par une passion lui rendit le service insupportable ; il se livra tout entier à son cœur. Elvire, la femme aimée, dont le nom mystérieux et voilé a été tracé dans ses vers, Elvire mourut ! La douleur fit résonner toutes les fibres du poëte, il se mit à chanter tristement, et fit à Elvire, dans sa poésie, un cercueil tout embaumé des plus suaves parfums et caressé des brises les plus mélancoliques.

Les *Méditations poétiques* furent publiées en 1820, et le poëte prit sa place dans le monde littéraire.

A peu près vers cette époque, Lamartine fut attaché à la légation de Florence, comme il l'a dernièrement rappelé lui-même dans son magnifique discours sur les affaires d'Italie. Cette terre lui avait toujours porté bonheur: il y trouva une jeune Anglaise qui, avec la beauté, l'amour, lui apporta une opulente fortune.

L'Académie française reçut Lamartine en 1830, un peu avant son départ pour l'Orient, où il fit la perte douloureuse de sa fille Julia.

Lamartine publia les *Harmonies* en 1830; son *Voyage en Orient* en 1834; *Jocelyn* en 1835; en 1839 *la Chute d'un Ange*; enfin tout récemment son *Histoire des Girondins*, si remarquable par le charme de la diction, la beauté du coloris, l'ampleur de la narration, quoique ce genre ne soit pas le vrai genre historique.

Les émotions de la tribune tentèrent Lamartine; il se présenta devant les électeurs de Toulon et ceux de Dunkerque : il échoua. Mais ces derniers ne tardèrent pas à élire Lamartine, que son mandat législatif alla trouver en Orient, où il faisait un second voyage. On était en 1834. Lamartine fit son début dans la discussion de l'adresse.

Il avait été légitimiste avant 1830; mais la révolution dut bien le détromper de son opinion arriérée.

Longtemps sa position fut indécise à la Chambre. Il paraissait pencher vers le parti du juste milieu, qu'il adopta enfin, parce qu'il le considérait comme le produit de Juillet; mais s'apercevant bientôt que ce parti ne renfermait rien de généreux dans ses flancs, qu'il s'efforçait de renier son principe populaire et que son obstination le conduisait à sa perte, le nouvel orateur le quitta brusquement, et combattit avec éclat dans les rangs de l'opposition pendant plus de douze ans.

On se ressouvient de cette série de beaux discours qu'il a prononcés, et surtout du dernier sur la politique du cabinet Guizot en Italie. Le ministre rhéteur eut beau répondre avec arrogance ; il vit ses tours de passe-passe éclipsés par cette brillante et généreuse parole dont les échos de l'Apennin retentirent bientôt comme sous une commotion électrique.

Que dire de la conduite, de l'attitude, de l'éloquence de Lamartine dans cette fameuse séance de la Chambre des députés, le 24 février ? Lui, Ledru-Rollin, le peuple, les drapeaux, tout se mêlait à la tribune. La figure calme de Lamartine attendait, pour se faire entendre, que le peuple eût apaisé son agitation. Ledru-Rollin, plus impatient, essayait de faire dominer sa voix à travers les lames bruyantes de l'insurrection qui battaient les pieds de la tribune.

Enfin le calme renaît un peu ; les orateurs s'expliquent au milieu des bravos. Le peuple en armes et leurs amis politiques se sont entendus ; ils marchent ensemble à l'Hôtel-de-Ville pour y installer le Gouvernement provisoire.

Dans la journée du 25 février, Lamartine prit cinq fois la parole à l'Hôtel-de-Ville, devant la foule irritée qui agitait le drapeau rouge.

« On vous promène, dit-il, de calomnie en calomnie contre les hommes qui se sont dévoués, tête, cœur, poitrine, pour vous donner la véritable république, la république de tous les intérêts, de toutes les légitimités du peuple.

« Hier, vous nous demandiez d'usurper sur les droits de trente-cinq millions d'hommes, de leur voter une république absolue, au lieu d'une république investie de la force de leur consentement, c'est-à-dire de faire de cette république imposée et non consentie la volonté d'une partie du peuple, au lieu de la volonté de la nation entière ; aujourd'hui, vous nous demandez le drapeau rouge à la place du drapeau tricolore. Citoyens ! pour ma part, le drapeau rouge, je ne l'adopterai jamais, et je vais vous dire dans un seul mot pourquoi je m'y oppose de toute la force de mon patriotisme.

« C'est que le drapeau tricolore, citoyens, a fait le tour du monde, avec la République et l'Empire, avec nos libertés et nos gloires, et que le drapeau rouge n'a fait que le tour du Champ-de-Mars, traîné dans des flots de sang du peuple. »

LEDRU-ROLLIN.

2.

LEDRU-ROLLIN.

Il est né en 1807. Avocat à la Cour de cassation, il donna sa démission aussitôt qu'il eut été nommé député par le deuxième collége du Mans, en 1841. Il remplaça le respectable Garnier-Pagès.

Ledru-Rollin comptait depuis longtemps parmi les notabilités du barreau et les amis ardents de la liberté. En 1833, il rédigeait une consultation contre le régime des conseils de guerre créés par la mise en état de siége de Paris. Un écrit qui fut surtout remarqué, ce fut le mémoire qu'il publia sur les massacres de la rue Transnonain, en 1834; M. Thiers était alors ministre de l'intérieur, et M. Bugeaud avait le commandement de la force armée.

La voix de Ledru-Rollin était acquise à tous les accusés du parti démocratique. Il défendit Dupoty devant la Cour des Pairs, et ne put l'arracher aux filets que l'avocat-général Hébert, ex-ministre, jeta sur l'accusé, en répétant à chaque instant : *complicité morale! complicité morale!*

Nous avons toujours vu Ledru-Rollin monter à la tribune dans les questions où la démocratie ou l'humanité avaient quelque chose à disputer à l'égoïsme du pouvoir déchu.

C'est lui qui demanda l'enquête sur le sort des travailleurs; tentative inutile ! M. Sauzet l'avait dit : *la Chambre ne donne pas de travail.* Le pays ne peut pas avoir oublié les deux discours de Ledru-Rollin sur l'abolition de l'esclavage, ni le tableau dans lequel il retraça, avec une énergique simplicité, les souffrances que d'avides et d'impitoyables colons faisaient endurer à des vieillards, à des femmes, à des enfants ! Les généreux accents de l'orateur trouvèrent de la sympathie, même chez ceux qui s'étaient constamment appliqués à la lui refuser, et entraînèrent la réorganisation de la magistrature coloniale, auparavant trop indulgente pour la tyrannie des propriétaires d'esclaves.

Les banquets de Lille et de Dijon, dans lesquels Ledru-Rollin porta si haut la bannière démocratique, sont présents à toutes les mémoires, et les poitrines brûlent encore du feu qu'y alluma sa patriotique indignation contre les hontes et les parjures du gouvernement de Juillet. Dans la discussion de l'adresse, au mois de février dernier, l'orateur grandit encore sa renommée par une chaleureuse improvisation qui tint toute la Chambre haletante d'attention, et qui réduisit à néant l'éloquence de procureur de l'ex-ministre Hébert, qui trouvait dans la Charte un texte pour l'interdiction des banquets.

Ledru-Rollin est un caractère plein d'une fermeté qu'on a prise mal-à-propos pour de l'exagération ; il veut sauver la République des mains de ceux que la clémence populaire paraît avoir trop enhardis.

On avait répandu le bruit d'une mésintelli-
gence entre lui et Lamartine, et, lors de la ma-
nifestation populaire du vendredi 17 mars, il
a paru appuyé familièrement sur l'épaule de
Lamartine. On avait dit qu'il cherchait à dé-
considérer l'armée; voici les paroles qu'il a
répondues, dans la cour du ministère de l'intérieur, aux ouvriers qui demandaient le départ
des troupes :

« Vous demandez l'éloignement de l'armée.
Sans doute, citoyens, lorsque l'armée se fait
l'instrument de la tyrannie, lorsqu'elle se con-
stitue en garde prétorienne, elle mérite la haine
des hommes de cœur, des amis de la liberté.
Mais en est-il bien ainsi avec nos braves soldats? Se sont-ils montrés disposés à combattre pour les oppresseurs? Assurément, citoyens, aucun de vous ne doutera de la bravoure
de nos soldats, aucun ne doutera de leur force
et de leur puissance. Mais, dans les journées
de février, l'armée n'a pas voulu combattre;
elle a fraternisé avec nous, et a regardé fuir
sans escorte cet aveugle monarque qui voulait
resserrer nos chaînes. C'est que l'armée, mes

amis, c'est le peuple ; les soldats c'est nous, c'est vous, c'est tout le monde. (Bruyantes acclamations.) Voudrez-vous repousser vos frères ? voudrez-vous proscrire, mettre au rang des parias des hommes qui sont votre sang, votre âme, une partie de vous-mêmes ? (Bravo ! bravo !) Non, citoyens, de pareils sentiments d'injustice, de méfiance, d'exclusion, ne sont pas en vous. Faire revivre des classifications, des catégories entre citoyens, serait une déplorable erreur. (C'est vrai ! c'est vrai !) Et d'ailleurs, pourquoi a-t-on invoqué l'intervention, non pas d'une armée, mais de deux ou trois régiments ? Ce n'était pas pour une autre raison que pour soulager la garde nationale. Nous vous remercions tous de votre zèle, nous remercions la garde nationale tout entière de cette admirable activité qui a maintenu le calme dans la grande cité. Mais nous ne devons pas abuser de votre bonne volonté, et c'est pour cela que nous avons appelé auprès de vous vos frères de l'armée. (Bravo ! bravo !)

« Élevons donc notre voix en faveur de cette armée ; c'est elle qui, dans nos jours d'humiliation, a sauvegardé en Algérie l'honneur de la patrie. Pendant que la France, livrée à l'étranger par les gouvernants qui viennent d'être chassés, était exposée à des hontes continues, l'armée, missionnaire de la civilisation, portait haut le drapeau français et faisait reconnaître à des peuples barbares les grandeurs de notre patrie. (Longues acclamations.) Oubliez donc, mes amis, de fâcheuses méfiances, et vous serez justes, vous serez bons citoyens, vous montrerez que vous êtes tous unis dans une même pensée en criant avec moi : *Vive l'armée!* (Longs cris d'enthousiasme. *Vive la République! Vive Ledru-Rollin!*) »

GARNIER-PAGÈS.

GARNIER-PAGÈS.

Garnier-Pagès est né à Marseille en 1805, quatre ans après son frère. Les deux Garnier, tendrement unis, résolurent de ne pas se quitter et de suivre les vicissitudes de la même fortune. « Fais le nom, et moi je ferai la fortune », dit le frère cadet à son aîné ; et tous deux y réussirent. Tandis que l'orateur illustrait le nom de Garnier-Pagès, le frère, courtier de commerce, élevait patiemment l'édifice d'une modeste fortune, et trouvait la récompense de ses peines dans les soins d'une charmante famille. Hélas ! le deuil vint trop tôt troubler tant de joies : Garnier-Pagès l'aîné mourut. Le jeune frère avait à soutenir l'éclat d'un nom que de nombreux succès de tribune avaient grandi ; il ne se découragea pas. Fort des études spéciales auxquelles il s'était livré dans le silence, il se présenta, en 1841, devant les électeurs de Verneuil (Eure), qui l'investirent de leur mandat.

La question des sucres, la conversion des rentes, les chemins de fer, les budgets furent autant d'occasions où Garnier-Pagès jeune se signala. Il épargna bien des millions aux contribuables dans la discussion du cahier des charges des compagnies du chemin de fer ; sa rigide probité et son coup-d'œil financier causèrent plus d'un mauvais moment aux ministres Lacave-Laplagne et Dumon, qu'il pressait dans l'étreinte de sa logique de chiffres.

La manière dont Garnier-Pagès gère les finances, depuis qu'on lui en a confié le portefeuille, prouve combien il était compétent lorsqu'il critiquait ses prédécesseurs du régime tombé.

Garnier-Pagès fit deux voyages, l'un en

Espagne et l'autre en Algérie. Rien de plus curieux et de mieux observé que les aperçus que nous lui avons entendu exposer à la tribune sur la mauvaise organisation financière de l'Espagne. Aussi, grâce à l'expérience qu'il avait acquise sur les finances espagnoles, il émut l'opinion publique lorsque le ministre Lacave-Laplagne était disposé à consentir à la demande du cabinet de Madrid, qui voulait que l'on cotât à la Bourse le nouveau fonds 3 pour cent, qui aurait fait tomber tant de victimes dans le piége. Ce fonds ne fut pas coté. Dans toutes les questions relatives à l'Algérie, on était sûr d'entendre M. Garnier-Pagès parler *ex professo* des intérêts de cette contrée.

Nous n'appuierons pas sur la dignité, la loyauté du caractère de Garnier-Pagès; c'est une de ces belles natures qui aspirent toujours vers l'honnête et vers le bonheur de tous.

Résolu, comme l'homme armé de son bon droit, Garnier-Pagès a été l'un des agitateurs les plus fervents des manifestations pacifiques des Banquets. Il ne recula pas au moment de la lutte, et on n'ignore pas qu'il voulut persister

à prendre part au banquet du 22 février, malgré l'aveugle résistance d'un pouvoir qui mar-
chait à sa ruine. Le nom des deux Garnier-
Pagès est acquis à l'histoire.

CRÉMIEUX.

CRÉMIEUX.

Isaac-Adolphe Crémieux naquit à Nîmes, le 30 avril 1796. Son nom indique assez qu'il professe la religion juive. Après de brillantes études, il fut reçu avocat en 1817, à la Cour royale de Nîmes. Pendant ce temps déplorable, qu'on nomma la *terreur blanche*, la famille du jeune Crémieux fut persécutée à cause de ses opinions républicaines. Ces réactions imprimèrent fortement dans l'âme du jeune homme la haine du pouvoir tyrannique.

Le 30 août 1830, il était nommé avocat à la Cour de Cassation, en remplacement d'Odilon-Barrot, et, pour son début, il défendit le *Constitutionnel*. Presque toutes les feuilles de Paris, successivement poursuivies par l'animosité du parquet, trouvèrent en lui un défenseur dévoué, désintéressé et souvent heureux. Il sauva la tête de Cuny, condamné à mort dans le procès de Juin, en adressant une éloquente supplique à l'ex-roi Louis-Philippe.

« Sire, disait-il, sous votre règne une tête de « patriote ne roule pas sous la hache.

« Roi des barricades de Juillet, pardonnez « aux barricades de Juin.

« Roi du peuple, ne souffrez pas qu'un « enfant du peuple meure par la main du « bourreau, pour un crime politique... »

Il dénonça, dans trois articles publiés par le *Courrier français*, le danger pour la capitale et pour nos libertés de la construction des forts détachés.

Les patriotes français le chargèrent de rédiger le Manifeste qui protestait en faveur de la nation polonaise contre les attentats de la Russie. En entendant la lecture de cette pièce pleine d'un éloquent patriotisme, le général Lamarque, vivement ému, serra avec effusion Crémieux dans ses bras.

Il avait donné trop de gages à la cause de l'indépendance des nationalités pour que les portes de la Chambre ne s'ouvrissent par-devant lui. En 1842, le collége de Chinon (Indre-et-Loire) l'élut député. Le nouvel orateur politique fut toujours sur la brèche pour attaquer le Cabinet du 29 octobre; sa parole vive et spirituelle avait souvent le bonheur de caractériser certains actes par des expressions si ingénieuses qu'elles restaient fixées sur les bancs des ministres comme des flèches dont ils ne pouvaient pas se débarrasser.

A nos yeux, le plus beau discours politique de M. Crémieux est celui qu'il a prononcé, pendant la session de 1847, sur l'indépendance du peuple portugais, lors de l'intervention de l'Angleterre et du cabinet Guizot en faveur de Dona Maria. Jamais orateur ne fit mieux ressortir l'indigne politique de ce cabinet, qui consistait à protéger, toujours et quand même, les rois contre les peuples.

On a reproché au ministre de la justice d'avoir consenti à certaines nominations avec trop de facilité; mais l'expérience de quelques jours, comme ceux où nous vivons, a suffi pour éclairer un esprit de la trempe de Crémieux.

Le jour de l'inauguration de la République au pied de la colonne de Juillet, M. Crémieux évoqua, par de chaleureuses paroles, les mânes des citoyens morts à la Révolution de 1830, et dont les noms sont gravés sur le bronze de la colonne. « Cette journée doit consoler leurs âmes affligées pendant dix-huit ans. Nul ne pourra désormais enlever au peuple les fruits de sa conquête. Le Gouvernement républicain dérive du peuple, et il s'y appuie. Toutes les distinctions de classes sont effacées devant l'égalité, tous les antagonismes se calment et disparaissent par cette fraternité sainte qui fait des enfants d'une même patrie les enfants d'une famille, et de tous les peuples des alliés. »

Ces paroles furent interrompues par les applaudissements les plus vifs et les plus enthousiastes.

MARRAST.

MARRAST.

Écrivain original et caustique, toute sa vie est renfermée dans les impressions journalières que la polémique des partis lui fournissait. Se jeter dans le mouvement des idées pour propager les unes et combattre les autres, critiquer les actes du gouvernement quand il est répréhensible, et l'ancien l'était souvent, atténuer les discours des députés intéressés à blanchir le linge du ministère, encourager ceux qui l'éclaboussaient, tel était, ou à peu près, le rôle du journaliste, tirailleur de l'opposition.

Quoique Marrast écrivît d'un ton léger les premiers-Paris et les comptes-rendus des débats de la Chambre des députés ; quoique son idée rieuse, sa phrase sémillante et finissant par une expression heureuse, dont la trace caractéristique restait dans la mémoire, pût faire ranger ses articles parmi les écrits de fantaisie, néanmoins, sa plume savait prendre le ton grave du publiciste dans les questions où nos libertés et notre honneur national étaient en jeu. C'est que ce journaliste, chose devenue très-rare, a fait de sérieuses études.

A. Marrast, avant de rédiger en chef le *National*, avait coopéré à la fondation de la *Tribune*, journal fameux dans les premières années qui suivirent la révolution de Juillet. La *Tribune* faisait une guerre acharnée au pouvoir, qui lui rendit bien le mal qu'elle lui voulait. A force de condamnations, ce journal fut supprimé, et Marrast, impliqué dans le dernier procès, fut forcé de passer le détroit.

On sait que ce membre du Gouvernement provisoire vient d'être investi des fonctions de maire de Paris, en remplacement de M. Garnier-Pagès , passé aux finances.

LOUIS BLANC.

LOUIS BLANC.

Né à Madrid en 1813. Sa réputation date de la publication de l'*Histoire de Dix ans*. A vingt-quatre ans, il avait été rédacteur en chef du *Bon-Sens*. Nous nous souvenons de l'avoir vu quelquefois à cette époque chez M. Pons de l'Hérault, l'un des plus honorables citoyens qui défendaient alors la cause républicaine. M. Pons disait en montrant Louis Blanc, qu'il affectionnait comme un fils : « Voyez-vous ce jeune homme : si Dieu lui prête vie, il ira loin. »

Louis Blanc publia à son compte la *Revue du progrès*, recueil qu'il fut obligé d'abandonner, et que les excellents articles signés des premiers noms du parti radical ne purent sauver. C'est dans la *Revue du progrès* qu'il écrivit une série d'articles sur l'*Organisation du travail*, dont il a formé depuis un volume à part.

Cet écrit est celui d'un homme plein d'entrailles pour les souffrances des classes ouvrières; il y retrace avec chaleur la lente agonie des victimes du travail; il propose la réalisation d'un système applicable, dit-il, immédiatement.

La question de l'organisation du travail doit être élaborée avec la prudence et la circonspection qu'un tel objet exige, par une commission siégeant au Luxembourg et présidée par Louis Blanc et Albert, ouvrier, membre du Gouvernement provisoire.

Louis Blanc a publié aussi deux volumes de l'*Histoire de la Révolution française*.

FLOCON.

FLOCON.

Ferdinand Flocon était un ancien collaborateur du *Courrier Français*, du *National*. Il occupait l'emploi assez lucratif de sténographe du *Constitutionnel* pour la Chambre des députés, lorsqu'on lui proposa de contribuer à la fondation de la *Réforme*. Flocon abandonna sa sténographie pour prendre une part active dans la politique, et donna des preuves d'un rare désintéressement aux administrateurs d'une publication dont la position resta quelque temps fort précaire.

Bientôt Ledru-Rollin fit des sacrifices pour la *Réforme* et coopéra à sa rédaction; c'est dans cette collaboration que ces deux hommes, dont les circonstances ont uni les noms dans une œuvre colossale, s'encouragèrent par leurs mutuelles espérances pour marcher au triomphe de la cause démocratique.

Flocon subit plusieurs condamnations politiques, notamment dans le procès d'Avril; il a partagé, dans les banquets radicaux, les ovations des patriotes avec Ledru-Rollin, Beaune et Étienne Arago, ses collaborateurs.

L'ancien rédacteur en chef de la *Réforme* est aujourd'hui membre du Gouvernement provisoire et sous-secrétaire d'État.

MARIE.

MARIE.

Alexandre-Thomas Marie est né à Auxerre (Yonne), le 15 février 1795. Épris d'une vive ardeur pour l'étude, Marie se destina d'abord à l'enseignement du droit. Il concourut pour une chaire de professeur; mais malgré ses efforts et sa capacité incontestable, il succomba.

Dès lors il entra résolument dans la carrière du barreau, où il a marqué ses pas par des succès brillants. Il a plaidé dans un grand nombre de procès de presse et défendu des accusés politiques célèbres.

Dans la conspiration dite du Pont-des-Arts, Marie ne laissa pas échapper l'occasion de dire au pouvoir de rudes vérités. Le parquet était trop enclin à trouver la cause de l'agitation et des inquiétudes du pays dans les tentatives des républicains. « Toute révolution, « disait M⁰ Marie, a une mission à remplir; « celle 1830 avait donc la sienne. L'a-t-elle « accomplie? Non. Eh bien! là est la cause « secrète du malaise, et par conséquent des « troubles et des émeutes qui en sont l'expres- « sion énergique. On a cherché la cause de l'a- « gitation dans les statuts de la république; « vaine tentative! Je signale moi, dans les in- « stitutions la vraie cause du mal, et je dé- « nonce à mon tour à la France les statuts de « l'aristocratie!

« Messieurs, nous avons déjà fait trop d'em- « prunts à la Restauration; ah! laissons-lui « du moins ses souvenirs sanglants, ses con- « spirations et ses échafauds! »

M⁰ Marie prêta encore le secours de sa voix éloquente aux combattants de juin 1832. Il défendit surtout d'une manière chaleureuse et brillante l'accusé Jeanne, caractère vraiment héroïque, âme énergique dans une frêle organisation ; ce combattant avec quelques camarades avait longtemps tenu en échec plusieurs bataillons de troupes. Me Marie donna de nouvelles preuves de talent dans sa défense de M. Cabet, ancien député, dans celle de Pépin.

Le célèbre avocat fut élu député du cinquième arrondissement de Paris en 1842, et alla s'asseoir dans le groupe où figuraient Dupont de l'Eure, Laffitte, Ledru-Rollin, George Lafayette, etc. Dans la discussion sur *les aveugles* et *les insensés*, Me Marie fit vainement entendre la voix de la raison et du droit à une majorité en démence ; il a été le premier, dans la fameuse séance du 24 février, à se diriger vers la tribune pour protester contre la régence. Aussi le peuple l'appela au gouvernement provisoire.

On a confié à Me Marie le portefeuille des travaux publics : et on l'a vu toujours depuis plein de sollicitude pour les ouvriers sans travail ; il a ouvert immédiatement aux hommes de bonne volonté des ateliers nationaux où les ouvriers se rendent tous les jours, le drapeau de la République en tête, et chantant des airs patriotiques.

ALBERT (ouvrier.)

ALBERT.

Ce membre du Gouvernement provisoire est un ancien ouvrier modeleur, qui est parvenu par son intelligence et sa conduite à jouir d'une honnête aisance. Il exerce depuis long-temps une influence marquée sur les classes ouvrières, qui en plus d'une occasion lui ont témoigné leur confiance. Au moment de la révolution de Février, il était membre du conseil des prud'hommes. Albert rédigeait une feuille vouée à la défense de la classe des travailleurs, l'*Atelier*.

Il figurait parmi les accusés d'avril. Le peuple l'a proclamé membre du Gouvernement provisoire pour le représenter plus spécialement dans le conseil.

Il partage avec Louis Blanc les travaux de la commission instituée pour améliorer le sort des classes ouvrières. La connaissance parfaite qu'il a de toutes les questions qui intéressent les travailleurs a été d'un grand secours au Gouvernement provisoire.

Toutes les fois qu'il paraît au Luxembourg avec son digne coopérateur, les ouvriers, assemblés en *états généraux*, suivant l'expression de Louis Blanc, le saluent des plus vives acclamations, car ils savent qu'Albert est le représentant dévoué des intérêts et de l'intelligence des travailleurs.

TABLE DES MATIÈRES.

9 782012 959699